EXPLICANDO
Gracia y salvación
Cooperación generosa e inmerecida

EXPLICANDO
Gracia y salvación
Cooperación generosa e inmerecida

DAVID PAWSON

ANCHOR RECORDINGS

Copyright © 2021 David Pawson Ministry CIO

EXPLICANDO
Gracia y salvación

EXPLAINING
Grace and Salvation

El derecho de David Pawson a ser identificado como el autor de esta obra ha sido afirmado por él de acuerdo con la Ley de Copyright, Diseños y Patentes de 1988.

Traducido por Alejandro Field

Esta traducción internacional español se publica por primera vez en Gran Bretaña en 2021 por
Anchor que es el nombre comercial de David Pawson Publishing Ltd
Synegis House, 21 Crockhamwell Road,
Woodley, Reading RG5 3LE

Ninguna parte de esta publicación podrá ser reproducida o transmitida de ninguna forma o por ningún medio, electrónico o mecánico, incluyendo fotocopia, grabación o ningún sistema de almacenamiento o recuperación de información, sin el permiso previo por escrito del editor.

Si desea más de las enseñanzas de David Pawson,
incluyendo DVD y CD, vaya a
www.davidpawson.com

PARA DESCARGAS GRATUITAS
www.davidpawson.org

Si desea más información, envíe un e-mail a
info@davidpawsonministry.org

ISBN 978-1-913472-59-7

Printed by Ingram Spark

Este libro está basado en una charla. Al tener su origen en la palabra hablada, muchos lectores encontrarán que su estilo es algo diferente de mi estilo habitual de escritura. Se espera que esto no afecte la sustancia de la enseñanza bíblica que se encuentra aquí.

Como siempre, pido al lector que compare todo lo que digo o escribo con lo que está escrito en la Biblia y, si encuentra en cualquier punto un conflicto, que siempre confíe en la clara enseñanza de las escrituras.

David Pawson

1

Tenemos un tema muy simple: la gracia. Todo predicador o maestro tiene el deber de decir no solo el significado correcto sino el incorrecto de la Biblia. Tenemos este doble deber: difundir la verdad y advertir contra el error. Voy a tratar tres entendimientos de la palabra "gracia", uno de los cuales creo que es el bíblico y dos de los cuales son muy comunes en todo el mundo hoy, y no son la verdad. Debemos estar en guardia contra el engaño.

Se darán cuenta de que estoy pensando principalmente en un versículo o dos en el capítulo 2 de Efesios donde se nos dice: "por gracia ustedes han sido salvados mediante la fe; esto no procede de ustedes, sino que es el regalo de Dios, no por obras, para que nadie se jacte. Porque somos hechura de Dios, creados en Cristo Jesús para (hacer) buenas obras, las cuales Dios dispuso de antemano a fin de que las pongamos en práctica".

Si estuvieran en el noreste de Inglaterra, donde me crie, y dijeran: "Soy salvo por gracia", les dirían inmediatamente: "No puedes ser tan viejo", porque pensarían de inmediato en una dama llamada Grace, la gran heroína del noreste de Inglaterra. Su apellido era Darling, Grace Darling, que fue la gran heroína de la época victoriana. Su padre era el farero en las afueras de las islas Farne, frente a Northumberland. Una noche terrible y tormentosa, un barco de vapor de Edimburgo naufragó en las rocas de las islas Farne y muchas personas murieron, pero algunas de ellas quedaron aferradas a una roca en medio del océano, y Grace las vio desde el faro. Si alguna vez van a las islas Farne, estoy hablando del faro exterior, el rojo y blanco. Ella convenció a su padre de que consiguiera un bote de remos. Fueron remando y salvaron a las pocas personas en la roca, a pesar de las olas. Acabo de leer su autobiografía, "Grace Darling, heroína victoriana". Mi esposa y yo estuvimos recientemente en la Institución Real Nacional de Botes Salvavidas que tenía un gran cuadro de Grace Darling. Esto inspiró la moderna institución de botes salvavidas.

Presento nuestro tema así simplemente para mostrar que la palabra "gracia" se usa en un número increíblemente diferente de formas. "Grace" se ha convertido en el nombre de pila de una niña. Hay una famosa escultura griega de tres elegantes damas llamada "Las tres gracias".

Usamos la palabra "gracia" de muchas formas. Por ejemplo, la usamos para un movimiento elegante, como en el ballet. Ese es probablemente el uso más común de la palabra gracia en nuestro idioma hoy, un movimiento elegante, de estilo, de elegancia y encanto. Hablamos de la gracia redentora de alguien, refiriéndonos a una de las mejores características de su carácter. La usamos por cortesía. Por ejemplo: tuvo la gracia de disculparse por lo que había dicho o hecho. Hablamos de la gracia como actuar, hacer algo de buena gana. O ser renuente a hacer algo; lo llamamos mala gracia. La usamos cuando se nos da tiempo para hacer un pago: tantos días de gracia que podemos tener antes de cumplir con esa factura.

En el uso religioso, la usamos como un título para obispos. Recuerdo la historia de un pastor que dijo a su familia: "Cuando el obispo venga a almorzar el domingo, recuerden que siempre deben decir Su Gracia al hablarle". Su hija pequeña, tan pronto apareció el obispo, dijo: "Por lo que estamos a punto de recibir, que el Señor nos haga verdaderamente agradecidos". Porque usamos la palabra "gracia" para una breve oración de acción de gracias antes de una comida: "¿Diste gracias?". No es solo un título de obispos. William y Kate ahora tienen el título de gracia. Como duques de Cambridge debemos llamarlos "Su Gracia".

La palabra se usa de muchas maneras, pero como ahora somos una sociedad secular y semipagana, la palabra "gracia" está cayendo en desuso, porque originalmente es una palabra religiosa, cristiana. Dado que ya no somos un país cristiano, no es una palabra que salga fácilmente a nuestros labios. Tal vez las personas mayores la usen más que los jóvenes hoy. Nunca escuché a un joven usarla. Pero para los cristianos es una de las palabras más preciosas de todo el idioma. Se usa solo 20 veces en el Nuevo Testamento. No es muy frecuente. Otras palabras, como "amor", se usan muchas veces. Gracia es bastante rara, y generalmente se aplica a Dios. Las tres personas de la divinidad reciben el título de gracia en nuestro Nuevo Testamento. Dios el Padre: "la gracia de Dios". El Señor Jesús: "la gracia de nuestro Señor Jesucristo". Incluso al Espíritu Santo se le da el mismo título: "el Espíritu de gracia" en Hebreos 10. La mayoría de las veces es acerca de Jesucristo. Él es el ejemplo supremo de gracia en el Nuevo Testamento.

Es interesante que el hombre que la usa más que nadie es Pablo, porque debido a su trasfondo, fue un ejemplo mayor de gracia que cualquier otra persona en el Nuevo Testamento. Naturalmente, usa la palabra más que nadie. Este era un hombre que había estado encarcelando y persiguiendo a los cristianos y tratando de destruir la iglesia. Jesús se le apareció y lo convirtió en el misionero más grande que haya existido; eso es gracia. Pablo estaba muy consciente de eso. Cuando hablaba de su vida anterior, prácticamente estaba diciendo: "Allí, si no fuera por la gracia Dios, estaría yo". No es una palabra frecuente en la Biblia. Se aplica a Dios. Cuando se aplica a personas, significa gratitud. La palabra en griego es "charis", de donde se derivan las palabras "caridad", "carismático" y muchas otras. Pero cuando se aplica a seres humanos, significa que están agradecidos. La palabra griega para "gracias" es "eucharisto". Si alguien pasaba comida en la mesa, uno decía: "eucharisto". Por eso algunas iglesias llaman a la Cena del Señor "Eucaristía". Tal vez se han preguntado por qué. No es solo un término elevado de la iglesia para el partimiento del pan, sino que, cuando tomamos el pan y el vino, estamos muy agradecidos por la gracia de Jesús, la gracia del Padre, el Hijo y el Espíritu Santo.

Ahora permítanme sorprenderlos. No existe la gracia. ¿Saben por qué? Porque no existe por sí sola. No existe una *cosa* que se llama gracia. No podemos decir que la gracia es una especie de paquete que podemos empacar y dar a la gente. No, la gracia siempre se encuentra en personas. Hay personas con gracia, agraciadas, pero no existe algo que se llama gracia. Debemos recordar que la gracia es un atributo de una persona, siempre. No existe por sí misma. Ese es uno de los errores fundamentales que comete la gente. Cuando cantan el himno "Sublime gracia", parecen estar pensando en una *cosa* llamado gracia, pero no existe tal cosa. No se puede decir "gracia" sin pensar en la persona en quien reside esa gracia. En la Biblia se usa el sustantivo, pero no adjetivos. No aparece la palabra "agraciado" en la Biblia, sino solo "gracia", y cada vez que aparece, apunta a una persona. Y no es solo un atributo de esa persona, sino una acción de esa persona, algo que *hace*, no solo algo que es. Es algo que hace. Es la gracia de Dios, la gracia de nuestro Señor Jesucristo lo que está detrás de todos los que estamos aquí. No estaríamos aquí si no fuera por la gracia, una persona que estuvo llena de gracia por nosotros. Nos ocuparemos de la definición de la palabra "gracia".

¿Qué queremos decir con "gracia"? Permítanme extraerle el sabor. El primer sabor de la palabra "gracia" es *generosidad*. Significa dar, y dar abundantemente. Cuando decimos "gracia", significa que Dios es generoso, sumamente, prodigiosamente generoso. Ha *derramado* su gracia sobre nosotros. Ese es el primer aspecto importante: dar algo. La reina usa "gracia" para algunas de sus residencias que no necesita, que da sin pagar renta, a sus familiares y amigos. Se las llama residencias de "gracia y favor".

Es dar algo completamente gratis; es pura generosidad. La gracia es característica de los que dan. Incluso, cuando se aplica a seres humanos, también implica que están tan agradecidos por lo que han recibido del Señor que, a su vez, son generosos con los demás. La gracia fluye a través de ellos, y también son buenos dadores. Ser un buen dador, ser generoso, es una señal de haber sido tocado por la gracia del Señor. Ha recibido sus dádivas temerarias. Alguien dijo: "¿Por qué el diablo debería tener a los mejores donantes del mundo?". Los cristianos se vuelven notorios por su generosidad. Han recibido gracia, y eso de alguna manera estimula en ellos el deseo de ser generosos también. Ese es el primer sabor de la gracia: ser muy generoso, dar y volver a dar, y dar de forma ilimitada.

El segundo sabor de la palabra es que la gracia no solo es generosa, sino que es *inmerecida*. Es dar a los que no lo merecen, a quienes no solo no han hecho nada para merecerlo, sino que han hecho muchas cosas para *no* merecerlo. Es dar a personas que pueden no estar agradecidas. Recuerdo a una diaconisa metodista que trabajaba en el extremo este de Londres. Alguien le dijo: "Con todas las cosas buenas que estás haciendo por la gente, debes estar recibiendo mucha gratitud de parte de ellos".

Ella dijo: "No lo creas. Simplemente se quejan".

"Entonces, ¿por qué sigues dándoles?".

Su respuesta fue: "gracia". Porque la gracia da a los que no la merecen, a los que no están agradecidos, a los que nos han hecho cosas malas. Es hacer algo por nuestro enemigo, por aquellos a los que no les agradamos, por aquellos que se rebelan contra nosotros. Esa es la gracia de Dios. Ofrece su gracia a personas que no han hecho nada para merecerla, y que han hecho muchas cosas para *no* merecerla. Ese es otro significado de la palabra "gracia" que la convierte en una palabra, un concepto asombrosos: *generosidad* para con los que *no la merecen*.

El tercer sabor de la palabra solo lo puedo resumir en la palabra *iniciativa*. Significa dar el primer paso, no para responder a algo, sino dar el primer paso para hacer algo al respecto. Tiene iniciativa. Dios nos amó antes que nosotros a él. Dios nos llamó antes de que lo invocáramos. Es esa iniciativa la que se resume en la palabra "gracia".

Si juntan esas tres palabras, *generosidad* con los que *no lo merecen* y tomar la *iniciativa*, tienen algo del sabor de esta hermosa palabra. No es de extrañar que cantemos al respecto, y todo se aplica a Dios el Padre, Dios el Hijo y Dios el Espíritu Santo.

Todos somos culpables de intentar mejorar la Palabra de Dios, agregando adjetivos a sus sustantivos. ¿Saben a lo que me refiero? Gracia *asombrosa*: ¿dónde encontraron esa frase? No la encontraron en la Biblia. La Biblia no habla de gracia asombrosa. La persona que escribió esa canción fue un ejemplo perfecto de gracia. Era un traficante de esclavos de África a las Indias Occidentales, vendiendo los que sobrevivían ese horrible viaje. El Señor se encontró con él, lo cambió, y lo convirtió en pastor. Eso es un milagro. Escribió: "Gracia asombrosa, qué dulce el sonido". Ese es un adjetivo bastante inofensivo. No creo que deba usarse, porque busca mejorar la Palabra de Dios, que nunca usa un adjetivo. La palabra "gracia" por sí sola es suficiente para la Biblia. Lo tiene todo. Digo que es comparativamente inofensivo, pero muchos otros adjetivos que se han agregado al sustantivo en círculos cristianos han dañado la palabra "gracia". Veremos algunos más adelante. Por ejemplo, vamos a ver "gracia soberana". Estoy seguro de que han escuchado a predicadores usarlo. Puede que incluso hayan cantado algunos himnos con esa frase. La Biblia nunca usa ese adjetivo, y nos induce a error. Para su sorpresa, les voy a decir que la palabra "gratis" no debe aplicarse a la gracia. Sí, es gratis desde un punto de vista, pero desde otro no lo es. "Gracia gratuita" es otro ejemplo de cómo agregar un adjetivo al sustantivo único de Dios que distorsiona nuestro entendimiento. Aún no he terminado. ¿Has oído hablar de "gracia común"? ¿O "gracia preventiva"? Podría seguir. Los seres humanos han vertido adjetivos en esta palabra, y creo que nos han inducido a error, como veremos más adelante.

Me interesa un adjetivo que estoy dispuesto a usar con la gracia, la "gracia salvadora". Lo tomo de Efesios 2 - "por gracia somos salvos".

Quiero comenzar esta parte de nuestro estudio preguntando: ¿Qué significa ser *salvo*? Porque encuentro que muchos cristianos tampoco entienden esa palabra. Y no comprenderán la *gracia salvadora* hasta que comprendan lo que significa *salvar*. No significa ser salvo del infierno. Jesús no vino a salvarnos del infierno. Eso es un beneficio adicional. Sabemos por qué vino Jesús, porque a sus padres se les dijo que lo llamaran Jesús porque "salvará a su pueblo de sus pecados", todos ellos. En otras palabras, quiero que entiendan cómo entiende el Nuevo Testamento lo que significa ser salvo. Significa ser perfecto, no tener rastros de pecado en nosotros, ser restaurados a la imagen de Dios, convertirnos en las personas que Dios quiso que fuéramos cuando nos hizo. Todo eso está en la palabra "salvo". Pero me temo que la evangelización barata la ha convertido en un seguro contra incendios: "Si mueres esta noche, ¿irás al cielo o al infierno? Repite esta oración y te garantizo que irás al cielo y no al infierno", una caricatura terrible de la salvación. No es la enseñanza del Nuevo Testamento. Jesús vino a salvarnos de *todos nuestros pecados*. Por eso murió. Voy a explicarlo con más detalle más tarde, pero así entiendo "por gracia hemos sido *salvados*". Es interesante que la palabra o el verbo "salvar" en el Nuevo Testamento aparece en tres tiempos. Habrán escuchado esto de algún predicador. *Hemos sido salvos*, estamos siendo salvos y *seremos salvos*. Lo que significa, francamente, que nadie puede ser salvo en un minuto. Es un proceso que puede llevar toda la vida, y algo más. Hasta que ustedes y yo no seamos perfectos, no podremos decir que hemos sido salvos. Porque la salvación es un proceso que abarca tres etapas diferentes. La que llamamos *justificación* es cuando Jesús nos libera del castigo del pecado. La segunda, la *santificación*, es cuando nos libera de la práctica del pecado. Y la tercera, que llamamos *glorificación*, es cuando nos libera de la posibilidad del pecado. Espero ser salvo. ¿Ustedes? No citen esto, pero todavía no soy salvo, como mi esposa les diría. Una de las cosas que enseño y que a ella le cuesta aceptar es que algún día su esposo será perfecto. No sé por qué le cuesta tanto creerlo. Tengo que creerlo acerca de ella, que algún día mi esposa será perfecta, pero me resulta un poco más fácil creerlo de ella que al revés. No obstante, un día voy a gritar para que todo el universo escuche: "¡Una vez salvo, siempre salvo!". Ese será el día en que esté totalmente libre de pecado, e incluso de la posibilidad de que ocurra. Vivir en un lugar donde no existe la tentación, eso es salvación.

¿Por qué he enfatizado esto? Porque la mayoría de la gente nunca parece preguntarse por qué Dios nos salva. La respuesta es que está harto de este mundo. Lo ha dado por muerto, y se va a acabar. Ha sido demasiado corrompido y contaminado, no solo por el egoísmo humano, sino incluso por el egoísmo angelical. Incluso la naturaleza no es como Dios la hizo. Creará un universo nuevo. Solo los cristianos lo saben. Somos los únicos en el universo que creemos que no estaremos atrapados en este viejo mundo hasta el final, que habrá un universo completamente nuevo: un nuevo espacio, un nuevo planeta Tierra, un lugar perfecto. Para eso, Dios necesitará personas perfectas. Si entráramos como estamos ahora, lo arruinaríamos. ¿Se dan cuenta de eso? Lo estropearíamos para nosotros, para los demás y, sobre todo, para Dios mismo. Lo contaminaríamos.

Dios encontró una manera de tomar personas como nosotros que han arruinado este mundo y hacernos aptos para vivir en uno nuevo. De eso se trata la salvación: hacer que las personas sean perfectas, suficientemente buenas como para vivir en un universo flamante sin estropearlo para nadie. ¿No es un gran plan? Es una gran visión de la salvación. No es solo: "Aquí está su boleto al cielo. Ya no tiene que ir al infierno". No es eso. Es Dios, que dice: "He encontrado una forma de prepararlos para un universo perfecto para que no lo estropeen".

Eso es lo que llamamos salvación. Comienza cuando somos justificados por fe, continúa cuando somos santificados por el poder del Espíritu Santo, y se completa cuando somos glorificados y preparados para ese nuevo universo. Cualquier cosa menos que eso no es la salvación del Nuevo Testamento. Por eso Pablo dice en su carta a los Romanos: "Estamos *más cerca* de nuestra salvación que cuando creímos". ¿Lo creen? Están más cerca de su salvación que cuando creyeron por primera vez. Algunas personas dicen: "Fui salvo hace veinte años". No lo fuiste, pero te estás *acercando* a tu salvación. Yo espero ser salvo, lo que significa no más David Pawson; solo la imagen de Dios en mí. ¿No es genial que Dios haya ideado un plan tan asombroso para cambiar a los seres humanos? Por eso simplemente decir "la oración del pecador" puede ser un buen comienzo, pero no es el final de la salvación de ninguna manera.

Por eso tiendo a no usar la palabra *salvo* en tiempo pasado, porque quiero que la gente se dé cuenta de que *espero* ser salvo. Y todo será por gracia, por ese generoso e inmerecido regalo de Dios. Eso es lo primero que quiero dejar en claro sobre lo que significa ser *salvo*: estar totalmente libre de los pecados que nos han hecho estropear este mundo para nosotros, para los demás y para Dios. Dios puede completar esa salvación. Él ha comenzado una buena obra en nosotros, pero cada vez que se miren al espejo, digan: "Dios aún no ha terminado conmigo". No lo ha hecho. Y *puede* hacerlo. Más adelante veremos que nunca ha prometido que lo *hará*. Solo nos ha dicho que *puede* hacerlo. Y, como veremos, implica *seguir creyendo en él*, confiando en él y obedeciéndole. Porque eso es absolutamente necesario para la segunda y tercera etapa de la salvación.

Eso es gracia, y eso es lo que quiero decir con *gracia salvadora*. Cuando decimos cuándo fuimos salvos, no podemos mirar atrás y señalar un punto. Lo que podemos hacer es señalar un punto en el que *comenzamos* a ser salvos. Yo comencé a ser salvo a los 17 años. Puedo recordarlo. Pero nunca digo que fui salvo entonces. Siempre digo: "Comencé a ser salvo". Dios aún no ha terminado conmigo. Y *puede* completar el trabajo que comenzó. Si realmente lo hace dependerá de mí, pero él puede hacerlo. No puedo hacerlo yo mismo. Nadie puede salvarse a sí mismo. Entonces la pregunta es: ¿de qué somos salvos? La respuesta: de *todos nuestros pecados*, cada uno de ellos. Noten que su nombre significa que salvará a su pueblo de sus *pecados*, plural. No solo del pecado, sino de sus pecados, todos ellos. Él puede hacerlo. Eso es lo que vino a hacer.

La siguiente pregunta es: ¿cuándo somos salvos? La

respuesta: *cuando seamos perfectos*, cuando Dios haya terminado la obra que comenzó, cuando estemos listos para entrar en ese nuevo universo. Lo sigo enfatizando, porque esa es la meta de la salvación. Ese es el objetivo de ser salvos: que podamos estar en condiciones de entrar en ese nuevo mundo que él va a crear.

No sé si eso es nuevo para ustedes, pero creo que es bíblico. Por eso la Biblia mira hacia esa salvación futura. Pedro lo hace en su carta. Habla de la salvación "lista para ser revelada en el último tiempo". Hebreos habla de la misma manera: "Jesús aparecerá por segunda vez, no para lidiar con el pecado sino para traer la salvación a los que lo esperan". ¿Habían notado ese versículo? La salvación está llegando a quienes esperan su regreso. ¿Por qué? Porque "cuando lo veamos, seremos como él porque lo veremos tal como es". Ahí es donde veo en el Nuevo Testamento que estaré apto para el nuevo mundo que su Padre va a hacer para nosotros.

Todo eso es la salvación. Cuando la palabra "gracia" (*charis* es la palabra griega) se aplica a ustedes y a mí, significa gratitud, pura gratitud. ¿Cuál creen que es el peor pecado que pueden cometer? Hay un buen argumento en la Biblia, en el Nuevo Testamento, para decir que la *ingratitud* es el pecado más grave. En Romanos 1 dice que la gente no agradece a Dios por lo que ha hecho. Porque ha hecho cosas por todos. Envía su sol sobre justos e injustos, su lluvia sobre buenos y malos. Pero esa es su bondad. No lo llamo su gracia, porque el Nuevo Testamento no lo hace. Es lo que algunas personas quieren decir con "gracia común": todos experimentan su bondad. Eso es cierto, pero la palabra "gracia" está reservada para aquellos que comienzan a ser salvos y continúan recibiendo su gracia salvadora hasta que un día los ha salvado por completo. Espero que eso haya sentado las bases para lo que quiero decir, porque la gran pregunta ahora es: ¿Quién salva, y cómo ocurre la salvación?

Ya les dije que la salvación es en tres etapas, tres fases, si lo prefieren. Así es *como* somos salvos. Supongo que la mayoría de los que me escuchan están en la fase intermedia. Ustedes han sido salvos de la pena del pecado, y ahora está *siendo salvados* de la práctica del pecado. Es lo que decía el antiguo himno "Roca eterna": "Sé del pecado la doble cura, límpiame de su culpa y poder". Por el momento, están en esa habitación intermedia siendo salvados del *poder* del pecado. Pero esa no es la habitación final aún. Quiero cambiar ese himno para que diga: "sé del pecado la triple cura", haciendo que el pecado sea imposible para mí, para poder vivir en un mundo donde no haya tentación, un mundo perfecto y un yo perfecto en él.

Ese es el evangelio, la buena noticia Cuando predico en la cárcel, me encanta decirles que este es el evangelio: Dios puede hacerlos perfectos. Solo Dios puede hacerlo, porque el hombre admite que nadie es perfecto. Hubo un Hombre que lo fue. Hay dudas humanas acerca de si alguien podría ser perfecto alguna vez, pero nuestro evangelio dice que podemos serlo. Pueden comenzar ahora, y cuando Dios haya terminado con ustedes, lo serán. Esas son buenas noticias, y cuando se las cuenten a personas encarceladas por tráfico de drogas y asesinatos, díganles que pueden ser personas nuevas.

Hace años, me invitaron a predicar en culto único en un edificio de iglesia muy antiguo en el Strand en Londres llamado The Temple, rodeado de estudios de abogados. Era el culto anual en The Temple para abogados. Es una iglesia extraña. Como es circular, la acústica es espantosa, y el púlpito es como un banquillo de acusados. Subí a ese púlpito y miré abajo. Vi a todos estos jueces, encabezados por Lord Denning, quien leyó la lección. Comencé el sermón diciendo: "Escuché que los agnósticos en esta iglesia son terribles". Nadie sonrió y pensé: ¡Socorro, hemos empezado con el pie izquierdo! Recién después, en la recepción, que alguien dijo: "Esa es la broma favorita de Lord Denning". Así que eso fracasó. Pero luego di mi texto, que era de Romanos 8, "Lo que la ley no podía hacer, Dios lo hizo". Y dije: "¿Qué es lo que no puede hacer la ley? No puede hacer bueno a un hombre malo. Puede disuadirlo, castigarlo, pero no puede convertirlo en un buen hombre, mucho menos en uno perfecto. Pero lo que la ley no pudo hacer, ¡Dios lo hizo! al enviar a su Hijo, Jesucristo.

No sé si cambió algo en esos abogados, pero disfruté diciéndoles que había cosas que ellos no podían hacer y que Dios podía. Lo he visto. No puedo evitar pensar en un hombre griego llamado Chris Lambrianou. Tal vez algunos de ustedes hayan oído de él. Era miembro de la pandilla Kray Brothers en el este de Londres que aterrorizaba y explotaba a los pequeños comerciantes. Como miembro de la pandilla, él se encargaba de deshacerse de los cuerpos de los que asesinaban. Fue sentenciado a 15 años de prisión, y muchos de esos años en confinamiento solitario, en una celda solo con una cama de hierro pegada al piso, nada en ella que pudiera usar para suicidarse, porque tenía tendencias suicidas. Pensó: si tan solo tuviera algún medio para suicidarme. Pero no lo tenía. Luego, alguien metió una caja con libros en su celda para que los leyera. Arriba había una Biblia. La tomó y pensó: He oído que esto te hace bien. Entonces dijo: "Lo intentaré". La puso debajo de la almohada y durmió sobre ella y, por primera vez, durmió toda la noche. Pensó: esta Biblia realmente te hace bien, así que pensó: La usaré dentro de mi camisa. La puso dentro de su camisa y se sintió mucho mejor. Pensó que era realmente buena. Luego comenzó a leerla. Una noche se despertó en medio de la noche y vio a tres hombres barbados parados al pie de su cama. Dijo: "Yo sé quién eres. Tú eres el Padre, tú eres el Hijo y tú eres el Espíritu Santo". El del medio dijo: "Sígueme". Chris hizo precisamente eso. Se convirtió en un hombre amable. Ahora pasa sus días en Oxford Court salvando a jóvenes de seguir su camino. El juez sentencia a los jóvenes infractores: "Te condeno a pasar un año con el Sr. Lambrianou". ¡Totalmente cambiado! Ese es el negocio en el que está Dios: convertir a personas malas en buenas, y a las buenas en perfectas. Esa es la salvación.

Qué gozo es decirle a la gente que pueden ser perfectos, que Dios quiere que lo sean y que deben serlo si alguna vez se les permitirá entrar al nuevo mundo. Ahí es donde termino esta comprensión de la salvación. ¿A quiénes permitirá Dios entrar en un cielo nuevo y una tierra nueva? Solo a quienes están totalmente salvos de los pecados. Entonces no lo arruinarán.

Esa es la verdad sobre la *gracia salvadora*. Podría escribir mucho más, pero ese es el significado verdadero de la gracia, que nos deja con esta pregunta: ¿Quién salva? Esto nos presenta uno de los primeros errores.

Hay tres respuestas completamente diferentes en los círculos cristianos de hoy. No son complementarias. Se contradicen. Para decirlo de la manera más simple posible, la primera respuesta dice: Dios salva y nosotros no tenemos ninguna parte. Él lo hace todo. Esa es la *gracia soberana*.

Hay una segunda respuesta: *nosotros* lo hacemos todo. Esa respuesta se basa en textos como Hechos 2 donde Pedro dice: "Sálvense de esta generación malvada". Escogen esto y dicen: "Ahí está. Depende de nosotros salvarnos. Sabemos lo que debemos hacer, así que hagámoslo".

Hay una respuesta intermedia: la salvación es el resultado de la *cooperación* entre Dios y las personas.

Quiero presentarles estas tres respuestas diferentes que, como digo, se encuentran en los círculos cristianos de todo el mundo, con una imagen. Parece que podemos ver imágenes con más facilidad que solo palabras. Quiero que imaginen que estamos en una playa y hay un guardavida en una silla alta mirando a la gente nadando en las olas, para su seguridad. Quiero que imaginen que dos hombres se han metido en una corriente muy fuerte que los está arrastrando hacia el mar. ¿Qué va a pasar? Las tres posibilidades que quiero presentarles de manera muy sencilla son estas. Una, el guardavida espera que los dos se ahoguen. Dice: "Estoy esperando, porque si no espero a que se ahoguen, probablemente me ahoguen a mí. Lucharán y me arrastrarán abajo también, así que esperaré hasta que estén totalmente indefensos y luego entraré". Él espera hasta que se ahoguen y sus cuerpos floten en el agua. Luego se sumerge y arrastra a uno de ellos, regresa a la orilla, lo lleva a la playa, le da el beso de la vida y bombea sus pulmones. El hombre tose el agua de mar y vuelve a la vida. Si le preguntamos al guardavida: "Pero ¿qué pasa con el otro hombre? ¿Por qué salvaste a este y no al otro?", dice: "Eso no es asunto tuyo. Tengo mis razones, pero no te las voy a decir". Esa es una respuesta. Voy a ser muy grosero y lo llamaré la respuesta calvinista.

En el extremo opuesto está la respuesta de un monje británico llamado Pelagio, que fue como monje a Roma en una peregrinación, y se sorprendió por la inmoralidad en la iglesia en Roma. Dijo que el verdadero problema era que no hacían ningún esfuerzo por ser santos. A partir de ahí, desarrolló la idea de que el cristianismo es cuestión de esfuerzo, y todo depende de *nuestra* voluntad de ser cristianos y vivir una vida cristiana. Desde el principio hasta el final, dijo, es una cuestión de la voluntad humana. Si la gente no tiene la suficiente determinación y fortaleza como para decir que *serán* cristianas y vivirán la vida cristiana, terminan con ejemplos tan pobres del cristianismo. Fue a causa de Pelagio que Agustín, un hombre que fue obispo de Hipona, en el norte de África, reaccionó contra este énfasis excesivo en la voluntad humana en la dirección opuesta. Vuelvo a nuestra imagen. El guardavida no abandona su silla ahora. Grita a los dos que están siendo arrastrados por la marea: "Traten de llegar a la orilla. ¡Vamos, pueden hacerlo! ¡Más fuerte, naden más fuerte, vamos!". Todo lo que hace es decirles a los dos pobres que luchan contra la marea que no están haciendo el esfuerzo suficiente. ¿Tienen la imagen?

En el medio, hay otra imagen. El guardavida agarra dos salvavidas con cuerdas atadas, corre por la playa y lanza los dos salvavidas cerca de los dos que están siendo arrastrados, y dice: "Sujétense y los arrastraré hasta la orilla". De los dos que están en peligro de ahogarse, uno de ellos se toma del salvavidas y es tirado, y uno de ellos no lo hace y es arrastrado por la marea hacia su muerte.

Esas son tres imágenes de tres teologías muy diferentes, como las llamamos. La teología es la forma de pensar en Dios.

El primer punto de vista es que Dios dice: "No puedes hacer nada solo". Él tiene que hacerlo. Nosotros estamos "muertos". No podemos responder si nos habla o nos lanza un salvavidas. No podemos hacer nada. Pero entonces planteamos la pregunta: ¿Por qué se salvan unos y otros no? ¿Quién tiene la culpa en esa situación? ¿Quién está en falta? Sabemos que muchos no se salvan, pero gracias a Dios muchos sí. ¿Quién decide eso? En la primera imagen, el guardavida decidió a quién salvar y a quién no. En la otra imagen extrema, ambos murieron, porque ninguno de ellos podía nadar contra la marea. Pero en la imagen del medio, el que se tomó el salvavidas se salva y el hombre que no, se muere. ¿Me siguen? Trato de explicarlo de la forma más sencilla posible.

La primera imagen es una imagen de la gracia soberana. Significa que solo Dios decide quién se salvará y quién no. Creo que es una imagen terrible de Dios. Significa que no ama a todo el mundo, y si preguntamos: "¿Por qué Dios salva a algunos y a otros no?", la respuesta es: "Es la inescrutable voluntad de Dios". En otras palabras, Dios no lo dice, y por eso no lo sabemos. Simplemente ha decidido salvar a éste y no a aquél. Ese no es el Dios de nuestro Señor Jesucristo Cristo. Ese no es el Dios de mi Biblia. Es un dios que solo ama a algunas personas. Mi Biblia dice que Dios quiere que todos se salven, lo que significa, simplemente, que él no tiene la culpa de los que no se salvan. ¿Me siguen? Estoy diciendo algo muy importante, porque la postura que dice que Dios decide quién se salva y quién no significa que, desde nuestro punto de vista es una lotería. Y decir que a los que decidió salvar no lo decidió porque son diferentes a los demás lo convierte en una lotería, una elección puramente arbitraria, como si Dios tomara la guía telefónica y dijera: "Salvaré a éste, a éste no lo salvaré". Ese no es el Dios que envió a Jesucristo, que amó al mundo y quería que todo el mundo se salvara. La respuesta de la segunda imagen que les di es que el que se toma del salvavidas se salva y el que no lo hace, no. Es sencillo. Es fácil de entender.

Es creer que Dios nos ha lanzado un salvavidas llamado "salvación". Él quiere salvarnos, pero tenemos que hacer algo para poder aprovechar su oferta. Significa que la gracia no es *soberana*. Se nos ofrece como un regalo, pero tiene que ser recibido. Un regalo necesita ser apropiado. Una vez intenté transmitirlo a una congregación en algún lugar cerca de Cambridge. Puse una gran barra de chocolate en el borde del púlpito. Dije: "Esto es para el primer niño o niña que venga y lo tome". A partir de ese momento, los ojos de todos los niños de la congregación se fijaron en esa barra de chocolate y dejaron de escucharme. Finalmente, un niño atrevido corrió por el pasillo, tomó la barra de chocolate y arrancó el papel. Lo comió antes de volver a su asiento. Todos los demás niños se enfadaron con él. Pero se lo merecía, no porque fuera mejor que los demás, sino porque lo tomó. Yo se lo ofrecí, él lo tomó, y obtuvo el beneficio de hacerlo. Así entiendo la salvación. Dios la ofrece a todos. Él quiere que todos tomen el salvavidas para llevarlos a la orilla. Pero si no lo toman... Normalmente la razón para no tomar el salvavidas es que creemos que podemos hacerlo solos.

Esto no es salvación por obras, porque un hombre que se está ahogando y que es salvado porque le arrojaron un salvavidas y fue tirado a la orilla, nunca dirá: "Me salvé a mí mismo". Siempre dirá: "El que me arrojó el salvavidas me salvó". No se le ocurriría decir que fue gracias a él que se salvó. Volvamos a Grace Darling. Nadie dijo nunca que la gente de la roca se salvó sola subiéndose al bote de ella. Todos dijeron: "Ella me salvó. Grace me salvó". Así es como lo sentimos nosotros.

Estamos tocando un tema fundamental en el conjunto del pensamiento cristiano. ¿Dios lo hace todo sin nuestra cooperación, sin nuestra respuesta? ¿Él decide quién se salva? ¿Él hace que nos salvemos? ¿Nos obliga a seguir siendo salvos? En otras palabras, ¿es su decisión de principio a fin? ¿O depende de mi cooperación con su gracia? Esa es la verdadera cuestión. No puedo aceptar a Pelagio y su idea de que podemos salvarnos a nosotros mismos, que es una gran distorsión. Pero puedo aceptar a los obispos franceses.

Volvamos a los orígenes de estos diferentes puntos de vista. Les dije que Agustín comenzó su obispado en el norte de África creyendo en esa segunda imagen que les di: la cooperación con la gracia de Dios, tomándolo por fe. Ahí es donde entra la fe. La fe es tomar ese salvavidas. No es solo por gracia que somos salvos. Somos salvados por gracia mediante la *fe*. La fe es nuestra parte en esto, nuestra respuesta a la oferta. Agustín comenzó pensando así, pero en la mitad de su ministerio intentó combinar la fe cristiana con lo que llamamos platonismo griego. Sugiere un tipo de

Dios muy diferente, un Dios que está fuera del tiempo, un Dios que no viene a ayudarnos en el tiempo, un Dios que solo decide quién se salva. A partir de ahí, veo un deterioro de su pensamiento. Muchos creen que mejoró su forma de pensar. Yo creo que tomó el camino equivocado.

En reacción a Pelagio y su énfasis en que la voluntad humana lo hace todo, reaccionó hacia el otro extremo y dijo: "No, es la voluntad de Dios la única que salva. Nuestra voluntad no interviene en absoluto". Pero los obispos franceses, que vivían entre Italia e Inglaterra y el norte de África, tomaron ese punto de vista medio y dijeron que se trata de la cooperación entre la gracia libremente ofrecida y nuestra fe. Lamentablemente, Agustín, muy astutamente, los llamó semipelagianos, con cierta maldad, porque los identificaba con el otro lado. Creo que eran semiaugustinos. Estaban justo en medio de los dos. Fue una picardía darles el nombre de Pelagio. Esos obispos franceses sabían dónde estaban. Francamente, ahí es donde yo estaría, con ellos, entre el norte de África y los británicos.

A los británicos les encanta creer que nuestra voluntad nos salva. Su forma favorita de entender el cristianismo es *hacer el bien*, ¿no es así? "Puedo ser tan buen cristiano sin ir a la iglesia como cualquiera que vaya a la iglesia", me han dicho. Es la salvación de "hazlo tú mismo". Sé amable con la abuela y el gato y acabarás en el cielo. Esa es la típica comprensión del cristianismo como hacer el bien. No es el evangelio. El evangelio es: nunca serás suficientemente bueno. Solo los que han tratado de ser suficientemente buenos lo descubren. Wesley se esforzó mucho por ser suficientemente bueno, Agustín lo hizo en su juventud, y descubrió que no podía lograrlo. Descubrió que necesitaba la gracia para ayudarlo. Si intentamos ser suficientemente buenos, nos estamos midiendo por el estándar equivocado.

Hace años, me estaba cortando el pelo un hombre llamado

Chris. Siempre iba a su pequeña tienda para cortarme el pelo y "quitarme un peso de encima". Un día me estaba cortando el pelo y llegó hasta la mitad. De repente me dijo: "Soy tan bueno como cualquiera que vaya a su iglesia".
Le dije: "Puede que lo seas. Tendrías que conocerlos a todos, y conocerlos a todos muy bien, para poder decir eso pero, sin embargo, eso no me afecta".
"¿Por qué no?".
"Chris, ¿eres tan bueno como lo fue Jesús?".
Dijo: "Sí". La conversación terminó ahí porque según todos mis libros sobre asesoramiento personal, ¡esa no debería ser la respuesta! Así que me quedé en silencio.
Siguió dando la vuelta y dijo: "Bueno, quizás no del todo".
Después de eso, fue bajando. Es que si nos medimos por otras personas somos suficientemente buenos, mejores que muchos. El problema es que eso es orgullo, y el otro lado del orgullo es desprecio. Estamos usando el estándar de medición equivocado.

Cuando nos paramos al lado de Cristo, nuestra reacción será la de Simón Pedro: "Aléjate de mí porque soy un hombre pecador, Señor. No soy para personas como tú". Jesús s la única persona suficientemente buena para ir a ese nuevo mundo que el Padre va a hacer. Pero lo glorioso es que él vino para hacer posible que estemos en ese nuevo mundo, *siempre y cuando* estemos dispuestos a ser personas diferentes. Esa es la gran condición. Comienza cuando somos justificados por la fe y se restablece una relación con Dios. Sin eso, nunca seríamos perfectos, porque nunca lo lograríamos solos. Eso es solo restaurar una relación dentro de la cual podemos ser hechos todo lo que Dios quería que fuésemos. Esa es la buena noticia, el evangelio.

Intenté darles esas tres imágenes, porque ahí es donde está la verdadera división de opiniones, aun en las iglesias. Hay gente en la iglesia que piensan que la idea de ser cristiano es hacer lo mejor y pedir perdón por el resto, que siempre seremos una mezcla de bien y mal. Por lo tanto, se nos dice que vengamos todos los domingos y nos confesemos, porque nadie espera que seamos perfectos. Pero si voy a una iglesia anglicana, no digo la confesión: porque dice: "Ustedes que se arrepienten sincera y verdaderamente de sus pecados..." El arrepentimiento significa no volver a cometerlos. El arrepentimiento es siempre específico. No es un cheque en blanco para cubrir cualquier cosa que podamos haber hecho la semana anterior. La confesión es siempre confesar pecados, en plural. Es decir: "Hice esto esta semana, me arrepiento de esto y no sucederá la próxima semana". Si la gente dijera en serio la oración de confesión general, significaría que después de 52 domingos a la mañana han tratado con 52 pecados diferentes que ahora están detrás de ellos y con los que han terminado. No creo que sea tan fácil. Debemos confesar nuestros pecados específicos y arrepentirnos de ellos. Un niño dijo: "Arrepentirse es lamentarlo lo suficiente como para dejar de hacerlo", una buena definición. Significa volvernos del pecado a Dios, y encontraremos que su gracia nos permite hacerlo. Si nos lo proponemos, si confesamos un pecado específico, nos dará la gracia para dejarlo atrás, y escucharemos las palabras de Jesús a la mujer tomada en adulterio: "Tampoco yo te condeno, pero no vuelvas a hacerlo. Vete y no peques más". No sé qué le habría dicho si hubiera vuelto seis meses después, habiéndolo hecho de nuevo. No lo sabemos. No debemos explotar la misericordia de Dios ni aprovecharnos de ella.

He intentado darles una imagen de la *gracia salvadora*, que es un don de Dios. Nunca podríamos convertirnos en lo que él necesita que seamos en ese mundo nuevo. Pero él puede hacerlo. Él puede presentarnos sin mancha ante su trono de gloria con gran alegría. Él puede hacerlo. No dice que seguramente lo hará, sino que puede hacerlo. Esa es la buena noticia. Pero significa que tenemos que estar dispuestos. Nuestras voluntades están involucradas. Cuando estamos dispuestos a ser salvados, a ser justificados por la fe, a ser santificados, podemos serlo. Lo cual significa, como dijo un predicador, que cada uno de nosotros es tan santo como queremos serlo. Esa es una afirmación tremenda.

Si él *puede* hacernos santos, no quiere que sigamos confesando pecados. Quiere que nos libremos de ellos, y puede hacerlo, si estamos dispuestos. San Agustín, como más tarde llegó a ser llamado, solía orar: "Señor, hazme santo, pero todavía no". Es una oración muy humana. Uno de los errores más comunes en la predicación cristiana es que Dios quiere que seamos felices en esta vida y santos en la otra. En realidad, es exactamente al revés. Él quiere que seamos santos en este mundo y felices en el siguiente. Ese es el evangelio, y esa es su oferta. No solo ofrece el perdón del pasado, sino la santidad para el futuro. Eso dependerá de que estemos dispuestos, de que confiemos y obedezcamos. Eso es fe, *fe continua*. No solo la fe de un momento, sino fe para toda la vida, para seguir confiando y obedeciendo hasta el final. Muchos testificarían que es hacia el final que puede ser más difícil seguir confiando y obedeciendo. Pero ¿notaron que Jesús dijo que es quien es fiel hasta el final que se salva? Quería decir precisamente eso. No podemos eludirlo.

En este punto del estudio, quiero recomendarles dos libros míos. El más pertinente es "Una vez salvo, ¿siempre salvo?". El otro es "El nacimiento cristiano normal", que explica cómo tener un buen inicio en la vida cristiana.

2

Ya he mencionado las dos interpretaciones erróneas de la gracia, pero ahora quiero ampliarlo. Trataremos primer con la *gracia soberana* y luego con la *gracia gratuita*. Permítanme recordarles primero mi definición de la gracia. Creo que es un *favor inmerecido de Dios*. Esa definición cubre todos los textos del Nuevo Testamento. La segunda visión falsa de la gracia es que es una *fuerza irresistible*. No un favor inmerecido sino una fuerza que no podemos resistir. Si Dios pone su gracia en nosotros, ya está. No podemos rechazarla ni resistirla. Hará que nos salvemos, nos mantendrá salvos y finalmente completará el trabajo por nosotros.

Este punto de vista tiene una larga historia. Ya les mencioné una persona que la gente llama San Agustín, aunque yo no puedo llamarlo así. Creo que él, en sus últimos años, hizo más daño a la iglesia cristiana que cualquiera. Afortunadamente, las iglesias ortodoxas orientales estaban más allá de su influencia, pero las occidentales, protestantes y católicas, fueron profundamente afectadas por Agustín. Su comprensión errónea básica era que Dios utiliza la fuerza. Creo que es el error fundamental. Lo sacó de una parábola de Jesús, donde dice que había un rey que celebró una gran fiesta y envió invitaciones. La gente puso excusas y dijo: "No, lo siento, no puedo ir. Compré un negocio, me casé con una esposa, etc". Así que el rey dijo: "Salgan a los caminos del campo. No vayan solo a las calles de la ciudad.

Vayan más allá y obliguen a la gente a entrar. Mi casa estará llena". Agustín se fijó en esa palabra "obligar". Dijo: "Ah, debemos usar la fuerza para llevar a la gente al reino". Tomó la palabra "obligar" en el sentido de "forzar", no de persuadir. El resultado de su creencia de que Dios utiliza la fuerza en las personas condujo a los terribles abusos posteriores de las Cruzadas donde los cristianos sintieron que debían usar la fuerza para recuperar la Tierra Santa para la peregrinación, y a la Inquisición, donde los judíos eran torturados hasta ser bautizados. Todo se justificó en este uso de la palabra obligar. Si Dios obliga a la gente, tenemos el derecho de obligar a las personas. En otras palabras, cualquier método es aceptable para convertir a alguien en cristiano.

Ese fue el error básico que cometió. Tuvo profundas repercusiones sobre los siguientes mil años en la iglesia cristiana. Muchas cosas de las que ahora estamos avergonzados fueron el resultado de decir que la fuerza es legítima. Creo que Dios es omnipotente, todopoderoso y no, como lo llamó uno de mis amigos "Dios todoamistoso". Creo que es todopoderoso, pero creo que no usa su fuerza sobre las personas. Él nos creó para que nos relacionemos voluntariamente con él. Él no quiere hombres y mujeres forzados en su reino, porque no serán sus hijos e hijas. No lo habrán elegido. Él quiere una familia de personas que hayan elegido salvarse y, por lo tanto, hayan respondido a su amor y gracia. Eso lo que creo.

De Agustín vino la mayor parte de la Reforma Protestante. Martín Lutero era un monje agustino. Por lo tanto, había sido enseñado según Agustín. Juan Calvino, en Ginebra, también se había empapado de la enseñanza de Agustín, y su gran obra de dos volúmenes, "La institución de la religión cristiana", que es la enseñanza de Calvino, no es más que agustinismo sistemático.

Los principales reformadores protestantes aceptaron la

enseñanza de Agustín, y la mayoría de los que en este país se llaman a sí mismos teólogos *reformados* o cristianos reformados han recogido la enseñanza de Agustín, y se ha convertido en parte de toda una teología sistemática, como la llamamos. Calvino mismo no fue responsable de lo que llamamos calvinismo hoy. Él no lo creía todo. Los cinco puntos del calvinismo, como se llaman, vinieron de Holanda, del sucesor de Calvino en Ginebra, Teodoro Beza.

Quiero repasar esos cinco puntos del calvinismo con ustedes ahora, porque si son verdaderos, entonces lo que les estoy diciendo es falso. Y si lo que estoy diciendo es verdad, entonces los cinco puntos del calvinismo son falsos. Vienen de Holanda debido a un hombre llamado Jacob Hermanszoon. Siento citar todos estos nombres, pero tienen que recordar que estos puntos de vista tienen una larga historia. Jacob Hermanszoon es uno de mis héroes. Cuando se convirtió en estudiante, adoptó el hábito de los estudiantes de adoptar un nombre o un apodo latino, y tomó el nombre de *Arminius*, el nombre de un antiguo guerrero alemán que derrotó a los romanos y los mantuvo fuera de Alemania. Tomó el nombre de ese guerrero alemán Arminio. Pensó que era un buen nombre, y es conocido desde entonces como Arminio. Era el capellán real. Predicaba todos los domingos en la iglesia más grande de Ámsterdam que está allí hoy, justo al lado de la plaza que se llama The Dam. Predicó a la familia real todos los domingos. Era tan santo y piadoso que nadie se atrevió a criticarlo mientras estuvo vivo. Apenas murió, convocaron una conferencia, un sínodo, en un lugar llamado Dort. El Sínodo de Dort condenó a Jacob Hermanszoon como hereje y produjo los cinco puntos que ahora llamamos calvinismo. Son holandeses, y los cinco puntos encajan perfectamente en la palabra TULIP. Holanda es conocida por los tulipanes. Este fue uno de los tulipanes más feos que salió de Holanda. Estos fueron los cinco puntos que hoy se llaman calvinismo. Cada uno depende de los otros cuatro. Es un sistema completo, y si no se creen en alguno de ellos, los otros se derrumbarán también.

1. Depravación total (Total Depravity).

Significa que somos completamente impotentes para hacer algo que responda a Dios. Esto lleva a la extraordinaria enseñanza de que debemos nacer de nuevo antes de poder arrepentirnos o creer, de modo que el nuevo nacimiento no viene después de arrepentirnos y creer, sino antes. La voluntad soberana de Dios decide quién nacerá de nuevo. Él escoge personas, que son incapaces de cooperar con el evangelio. Aparece la palabra "muertos". Están tan muertos en delitos y pecados que no pueden hacer absolutamente nada. Son como hombres ahogados en el mar. Este es el primer punto de los cinco.

2. Elección incondicional. (Unconditional Election)

En pocas palabras, significa que Dios elige quién se salvará sin tener en cuenta nada de la persona, incluso su futuro conocimiento de la persona. No tiene nada que ver con ella. Es él quien decide. Su elección, su decisión, de quién se salva es totalmente incondicional. No se ve afectada de ninguna manera por la persona elegida, ni por lo que sea ahora o que vaya a ser después. Dios lo sabe, pero no se basa en nada en absoluto. Es totalmente incondicional. Si preguntamos por qué salva a unos y no a otros, es su *voluntad inescrutable*. No nos ha dicho y no nos corresponde saber. Lo mantiene en secreto.

3. Expiación limitada (Limited Atonement)

Significa que Cristo no murió por los pecados de todo el mundo, sino solo por los de los elegidos, los escogidos, los que iba a salvar, basado en que ¿cómo podría Dios castigar el pecado dos veces. Si castigó a Jesús por los pecados de todo el mundo, ¿cómo podría volver a castigar a alguien? Ese es el argumento. Por eso creen (Calvino no lo creía, dicho sea de paso) que Cristo solo murió por algunas personas y no por todas.

4. Gracia irresistible (**I**rresistible Grace)

Una vez que Dios ha decidido salvarnos, no hay nada que podamos hacer al respecto. No podemos rechazarlo ni resistirnos, porque lo que importa es su voluntad, no la nuestra. Depende enteramente de su voluntad soberana a quién salva.

5. Perseverancia de los santos (**P**erseverance of the Saints)

Creo que el nombre está mal. Debería ser es la *preservación* de los santos. El mismo Dios que los obligó a comenzar la vida cristiana se encargará de terminarla. Lo que ha comenzado, decidirá terminarlo.

Esos cinco puntos forman lo que hoy llamamos "calvinismo", aunque les he dicho que Calvino mismo no creía en los cinco puntos. Él no creía en la expiación limitada. Creía que Jesús murió por todos. Y no creía en la perseverancia de los santos. Él creía que era posible caer de la gracia. Pero esos son los cinco puntos de esta gracia soberana.

¿Qué debemos decir de todo esto? Es el punto de vista de que los dos nadadores se ahogan y no pueden hacer nada al respecto. Están muertos. El guardavida saca a uno pero no al otro, y da vida al primero. Esa es la imagen de la salvación que saco de estos cinco puntos. En otras palabras, la salvación no depende de nosotros, de principio a fin. Es obra de Dios y solo de él. Nuestra cooperación no es necesaria. Él es Dios. Les concederé que tienen una visión magnificada del Señor. Lo han elevado tan alto en su estimación que han descartado toda autonomía de la naturaleza humana. Creo que tienen una visión demasiado elevada de Dios: un Dios que resuelve todo allá arriba, que decreta cosas en el cielo sobre las que no podemos hacer nada aquí. Es una imagen de Dios que no encuentro en la Biblia. En la Biblia encuentro un

Dios que decidió usar su soberanía para darnos la libertad de decirle que no, que eligió en su sabiduría hacernos capaces de resistirlo, de decirle que no, al punto mismo de acabar en el infierno. Pero es un Dios que coopera con las personas. Nos convertimos en sus compañeros de trabajo. Tengo en mi Biblia una imagen de Dios que cambia de opinión en respuesta a nuestra oración. ¿No es una idea sorprendente?

Moisés oró y persuadió a Dios para que no eliminara a Israel. Dice que Dios se arrepintió y cambió de opinión. Amós hizo lo mismo. Estos hombres sabían que la oración funciona porque Dios escucha y está dispuesto a cambiar sus planes en respuesta a la oración humana. Además, en la Biblia, Dios expresa pesar, decepción. Si él sabe todo lo que la gente va a hacer de antemano, ¿cómo podría estar decepcionado? Génesis 6 tiene el versículo más triste de la Biblia. Dice que Dios se arrepintió de haber hecho al hombre. Si él sabía todo de antemano, ¿cómo podría arrepentirse? No tiene sentido. En otras palabras, Dios está en una relación dinámica con nosotros, por elección suya. Él es soberano y terminará la historia como él decida, no nos equivoquemos. Nuestra libertad es solo relativa, pero existe, y nos hizo capaces de desobedecer y de rebelarnos. Fue un gran riesgo, pero Dios lo asumió.

En los días de Noé dijo: "Me arrepiento de haber hecho al hombre". Eso es muy diferente de la visión griega platónica de un dios que nunca cambia ni se arrepiente o decepciona sentado en el cielo muy arriba de todas estas cosas. La Biblia no duda en hablar de Dios como si fuera humano, porque estamos hechos a su imagen y semejanza. Por lo tanto, somos como él. Por eso, aunque Dios no tiene un cuerpo físico —es espíritu—, podemos hablar de la mano de Dios, los dedos de Dios, el brazo de Dios, el rostro de Dios, el oído de Dios, la boca de Dios y hasta las entrañas y pies de Dios. La Biblia habla de esto porque Dios es real, y estos atributos físicos nuestros corresponden a algo en Dios. Dios puede caminar, Dios puede ver, Dios puede oír. No necesita oídos para hacerlo, pero puede oír. Es este lado humano de Dios que el calvinismo parece ignorar. Lo eleva más allá de todo esto. Él toma sus decisiones allá arriba sin consideración alguna por nosotros, sin ninguna respuesta nuestra. Significa que solo somos marionetas, que no somos seres humanos hechos a la imagen de Dios. Significa que no tenemos la libertad de pecar, de decir no, de contristar y resistir a su Espíritu Santo. Tenemos la libertad de hacer todo eso porque estamos hechos a la imagen de Dios y él, en su sabiduría y poder, asumió ese riesgo. Ese es el Dios de la Biblia, muy diferente de la visión griega del Dios que está fuera del tiempo. El tiempo es real para mi Dios. En la idea griega, Dios está fuera del tiempo. No sé a cuántos predicadores he escuchado decir que Dios está fuera del tiempo y un día en el cielo también lo estaremos. ¿Lo escucharon? Es muy común, pero no sale de la Biblia. Ahí, Dios está en el tiempo, o más bien el tiempo está en Dios. Él es el Dios que fue, es y está por venir. Y un Dios al que le importa el pasado, presente y futuro.

Permítame hacerles una pregunta solo para probarlo. ¿Creen que Dios puede cambiar el pasado? Yo no lo creo. Creo que el pasado es tan fijo para Dios como para nosotros. Él puede cambiar el presente y futuro, pero Dios mismo no tiene poder para cambiar el pasado. Gracias a Dios por eso. Nadie puede deshacer la cruz ahora. Está hecho; está fijado. Es un hecho histórico, y nadie puede cambiarlo, ni siquiera Dios. El tiempo le importa a Dios.

Cuando era estudiante en Cambridge, casi perdí mi fe, porque los profesores me enseñaron a leer la Biblia con un par de tijeras y a recortar esto y a recortar eso, y a recortar eso. Después de dos años de eso, no podía predicar. Lo que salvó mi fe fueron dos libros, uno de un teólogo suizo, titulado "Cristo y el tiempo". Ese querido hombre me devolvió la fe en un Dios que está en el tiempo, un Dios para quien el pasado, el presente y el futuro importan, que está realizando todo su programa a través de la historia. Me di cuenta de que la historia es su historia. Cuando nos damos cuenta de eso, toda la Biblia se abre de una manera nueva, porque está llena de historia y es toda su historia, la historia de lo que Dios ha hecho dentro del tiempo y el espacio. Creo que él es más grande que el tiempo y el espacio, pero es el Dios que actúa *en* el tiempo y el espacio. Ese es el mensaje de toda la Biblia. Él trabaja con seres humanos. Él puede prevalecer, pero nos da la libertad de no cooperar. Gracias, Señor, por honrarnos de esa manera.

Pero qué pena que tantas personas no cooperen con Dios. Solo hay un final para eso, un final muy serio. Dios los *arrojará* al infierno. ¿Saben? nunca dice la Biblia que Dios envíe a la gente al infierno. Siempre dice que los arroja allí. ¿Por qué? Porque se han convertido en basura ¿Qué hacen con algo que se ha vuelto inútil? Lo tiran a la basura. No lo colocan ahí, sino lo arrojan. Ya no sirve para nada. Eso es lo que significa *perecer*. Si tienen una bolsa de agua caliente y perece, no les sirve, así que la tiran. La tragedia es que habrá millones de personas a las que Dios desechará. Por eso queremos que se salven. Lo contrario de ser salvado es convertirse en algo completamente inútil para Dios.

Creo que el sistema de cinco puntos del calvinismo tiene una visión demasiado elevada de Dios y una visión demasiado baja de los seres humanos, y una visión errónea de la relación entre ambos. Toda la Biblia es sobre Dios, que busca nuestra cooperación, la respuesta de nuestra voluntad a la suya. Él quiere que todos los hombres se salven, pero eso depende de la respuesta de nuestra voluntad para ser uno de los salvados. Esa es la gracia soberana. La mayor pregunta que me plantea es: ¿Por qué algunas personas se salvan y otras no? Bajo la gracia soberana, la respuesta está totalmente en sus manos, no tiene nada que ver con nosotros. No es mejor que estar una lotería, una lotería celestial. Esto me plantea una gran pregunta: ¿por qué molestarse en predicar el evangelio? Si creyera que solo los que han sido elegidos por Dios responderán a lo que diga y que los que no son elegidos por Dios *no pueden responder*, sentiría que estoy perdiendo mi tiempo. No estaría obligado a predicar el evangelio si creo eso. Pero —y aquí digo algo que se puede tomar mal, pero lo digo en serio— la mayoría de mis amigos calvinistas lo mantienen en el estudio y, cuando suben al púlpito, son buenos arminianos. Estoy muy agradecido por ello.

Charles Spurgeon era un notable calvinista, pero solía orar antes de cada servicio: "Señor, salva a todos los elegidos y luego elige a algunos más". Y predicaba como si cualquiera pudiera responder al evangelio. Me alegra mucho que tantos amigos calvinistas lo mantengan en el estudio y no lo lleven al púlpito. Cuando lo hacen, suben al púlpito y predican como si Dios amara a todo el mundo y quiere que todos se salven. Aleluya por eso. No es fácil predicar el calvinismo. Uno le dice a la gente que, si su número no está en la mano de Dios, está terminado.

Jesús dijo: "Vayan y prediquen el evangelio a toda criatura". Todo el mundo merece escuchar la buena noticia, y depende de *ellos* si responden o no. No depende de Dios, sino de ellos. La gracia de Dios se ofrece a todos, pero no todos la aceptan. Esa es mi posición, y creo que es no solo la postura bíblica, sino la postura del sentido común. Nuestro sentido común nos dice que esa es la situación real, y que la razón por la que la gente no se salva es su propia elección. Si no es su propia elección, no puede haber un Día del Juicio. Dios no podría decidir quién merece perderse y quién merece salvarse sobre la base de que es solo su decisión.

Creo que ya he dicho suficiente sobre eso, excepto cuando

hablo de la *gracia gratuita*. Aunque es muy diferente, hay una cosa en común entre la gracia soberana y la gracia gratuita. Ambas creen que "una vez salvo, siempre salvo", o sea que una vez que comenzamos la vida cristiana, ya está. Estamos a salvo. Encuentro que la gente no quiere ser salvada de sus pecados, sino estar a salvo del infierno. Eso es un asunto muy diferente. Dios quiere que seamos *salvos*, no que estemos a salvo. La pregunta es: ¿puede el proceso de salvación detenerse? ¿Puede lentificarse? ¿Puede incluso retroceder? Lo veremos dentro de un momento.

Primero quiero hablar de la *gracia gratuita*. Vamos a dejarlo bien claro. No podemos comprar la gracia de Dios. No podemos ganarla. No podemos merecerla. No podemos ameritarla. Entonces, ¿no significa eso que es gratis? Desde un punto de vista, sí. Pero si queremos decir que es gratis porque no necesitamos hacer nada nosotros, la respuesta es no.

Por desgracia, mucha gente ha entendido mal la palabra *obras*. "Por gracia ustedes han sido salvados... no por obras". No significa que no tengamos que *hacer* nada para ser salvados. Volvamos al salvavidas arrojado al mar. Decimos: "Tómate de esto y te llevaré a salvo a la orilla". Tomar el salvavidas es algo que tiene que hacer el hombre que se ahoga. ¡Eso no es *obras*! La palabra "obras", cuando la usa Pablo, significa *buenas obras* que tenemos que hacer para salvarnos, y eso no es la verdad. Eso es diferente de decir que no tenemos que hacer nada. Eso es lo que una enseñanza llamada *gracia gratuita* está extendiendo por todo el mundo. Viene de un predicador muy prominente en Singapur en este momento, y se está extendiendo por Internet a todas partes. Lo encontré en todas partes en Sudáfrica, desde Singapur, cuando fui. ¿Qué están enseñando? Están enseñando que uno se salva sin hacer nada, muy similar a la gracia soberana, pero es un punto de vista diferente.

Para explicárselo, les diré dos cosas que enseñan basadas en eso. Primero, dicen que el arrepentimiento no es necesario para la salvación o el perdón, porque es algo que se hace. ¿Me siguen? Enseñan que en la predicación del evangelio nunca debemos llamar a la gente a arrepentirse de sus pecados, porque es decirles que hagan algo. Dicen que lo único que Dios quiere de nosotros es la fe, y eso no es algo que hacemos. ¿No lo es? La palabra *obras* no siempre significan buenas obras Puede significar simplemente *acción*. Santiago 2 dice: "La fe sin acción está muerta". No puede salvar. No está diciendo fe sin buenas obras, sino la fe sin actuar en consecuencia. Dice que *profesar* la fe no salva, pero *practicar* la fe sí salva.

Teníamos tres hijos. Una está ahora en el cielo. Los otros dos todavía están en la tierra. Jugábamos un juego llamado "Fe" cuando eran pequeños. Íbamos a la escalera, ellos subían cuatro o cinco escalones y se paraban, los tres en fila, y decían: "Papá, si saltamos ¿nos atraparás?". Yo les decía: "Puede que sí, puede que no", y mantenía mis manos detrás de la espalda. Decía: "La única manera de averiguarlo es si saltan". Les encantaba este juego. Era su equivalente a los videos antes que llegaran. Se paraban en los escalones, con toda su ansiedad. Entonces uno de ellos saltaba y yo lo atrapaba. Eso animaba a los otros dos a intentarlo. Saltaban y yo los atrapaba. No jugamos ese juego ahora, por razones de salud y seguridad, *mi* seguridad, porque son adultos ahora. Pero así les enseñé que la fe es saltar, es actuar, es hacer algo al respecto. No es decir "creo", sino demostrar que creemos dando un paso y asumiendo el riesgo de que caeremos de bruces si el Señor no está ahí para atraparnos. Esas son *acciones de fe*, *obras de fe*. No buenas obras, sino obras de fe. Santiago nos da dos ejemplos: una mala mujer que figura en la genealogía de nuestro Señor, una prostituta, y un buen hombre llamado Abraham. Ambos corrieron grandes riesgos. Santiago dice que eso es fe: cuando actuamos en consecuencia, cuando hacemos algo que nos hará caer de bruces si el Señor no nos atrapa. Hay mucha fe profesada, pero no tanta fe practicada. Eso es la fe practicada.

Quiero darles un ejemplo sencillo. Tenía que ir a un país musulmán en el Lejano Oriente y mi pasaporte tenía casi veinte sellos israelíes. Cuando salí del aeropuerto en un país seguro, miraron mi pasaporte en la parte de emigración y dijeron: "No va a entrar en el país al que va, Sr. Pawson".

"¿Por qué no?".

"Tiene a Israel en la mayoría de las hojas de su pasaporte".

Dije: "Me están esperando. Iré".

Aterricé en el país musulmán en el aeropuerto principal. Llegué al oficial de inmigración y me dijo: "Su pasaporte, por favor", y se lo entregué.

Dije: "Señor, ciégalo, solo ciégalo". Tomó mi pasaporte y pasó por cada página sin mirarlo. Pasó por todo el pasaporte mirando a la distancia y luego me lo devolvió.

Gracias, Señor. Es solo una pequeña cosa, pero debía tener el tipo de fe que corre riesgo.

Cuando contrabandeé Biblias en China, tuve el mismo tipo de experiencia. El problema es que la vida es tan cómoda y fácil para nosotros la mayor parte del tiempo que no necesitamos vivir por fe. La verdadera fe salvadora es la fe con acción. La fe y el arrepentimiento son cosas que hacemos, y a menos que nos arrepintamos, no podemos ser perdonados, no en mi Biblia. Incluso dice, cuando Jesús dijo: "Perdona a tu hermano siete veces", "si se arrepiente". Mucha gente no se ha dado cuenta de eso. ¿Cómo se puede perdonar a alguien si no se arrepiente? Bueno, vemos que no estamos amargados. Eso no es perdón. El perdón es restaurar una relación con alguien, y si no se arrepiente, ¿cómo podemos restaurar la relación? Es imposible.

¿Son verdades nuevas para ustedes? Las estoy explicando,

espero, de una manera más directa porque son verdades de la Biblia. No estamos jugando con Dios. Él es un Dios justo. Debemos recordarlo. ¿Han oído la frase "el amor incondicional de Dios"? Nunca encontrarán esa frase en la Biblia. Encuentro versículos como "Dios ama a los que le temen", "Dios ama a los que guardan sus mandamientos". Jesús dijo: "Si me aman, guardarán mis mandamientos y mi Padre los amará". ¿Es eso amor incondicional? No, es un amor justo.

Veamos más sobre la *gracia gratuita*. Tengo dos libros aquí que están circulando por el mundo. Uno se llama *Absolutamente gratis* y el otro se llama *Gratis*. Son los típicos libros que andan por el mundo en este momento y que dicen, uno, que no necesitamos arrepentirnos para ser perdonados y dos, —y esto es muy serio— que, cuando somos perdonados, Dios perdona los pecados futuros así como los pasados. ¿Han oído eso? Significa que, si somos cristianos, no importa cómo vivamos. En Sudáfrica, encontré que esta enseñanza se había apoderado tanto de los cristianos que ya no importaba si vivían una vida pecaminosa o una vida santa, porque Dios perdonó *todos* mis pecados; todos los que aún no cometí me los ha perdonado. No encuentro eso en ninguna parte de la Biblia. Encuentro que los cristianos que pecan pueden enfrentarlo, que si seguimos confesando nuestros pecados, él es fiel y justo para seguir perdonando nuestros pecados, y la sangre de Jesús sigue limpiándonos de todo pecado. Es algo continuo. No es: "Vine a Cristo y todos mis pecados han desaparecido", aunque hay incluso himnos que lo dicen. Pero la Biblia no lo dice. Nuestros pecados futuros le importan muchísimo a Dios. De hecho, creo que es más grave cuando somos cristianos y pecamos que antes, porque ahora lo sabemos. Lean un capítulo como Hebreos 10 y verán que quienes *saben* lo que es el pecado son más culpables que los que no lo saben, y que volver a la antigua forma de vida después de haber encontrado la verdad es estar peor que si nunca hubieran conocido el camino de la salvación. (Estoy citando a Pedro ahora).

Estas son palabras serias en la Biblia. Importa cuando un cristiano peca. Importa más al Señor. Pero puede ser tratado, y hay una manera que se encuentra en 1 Juan 1 para tratarlo, porque tenemos un Abogado en el cielo que nos defenderá. Tenemos un acusador en el cielo, un acusador, porque Satanás no está en el infierno, sino en el cielo según la Biblia. Será expulsado del cielo un día —¡Aleluya!—, y luego vendrá a la tierra y hará cosas terribles aquí. Pero por el momento a Satanás le encanta acusar al pueblo de Dios de pecado, decirle: "¿Viste lo que hizo uno de los tuyos?". Lo hace todo el tiempo. Afortunadamente, no se sale con la suya porque hay alguien que aboga por nosotros. "Tenemos un Abogado", Jesús mismo, que está siempre orando por nosotros. Estos son asuntos serios. Es algo serio cuando los cristianos pecan. No pueden simplemente mostrar un billete para el cielo y decir: "Estoy bien, voy a ir allí". No funciona así.

¿Cómo trata este movimiento de la gracia gratuita los textos de la Biblia que nos dicen lo que tenemos que hacer? La enseñanza de la gracia gratuita es que no necesitamos hacer nada, sino solo creer, que para ellos es decir algo en nuestro interior, no *actuar en consecuencia*. Se refieren a profesar la fe; es todo lo que necesitamos hacer. ¿Cómo tratan el Nuevo Testamento? De una forma muy sutil y sencilla. Han dividido toda la enseñanza en el Nuevo Testamento en dos categorías. Una la llaman "salvación" y la otra "discipulado". Las dividen por completo. Una es para ser salvo y llevado al cielo, la otra para convertirse en discípulo de Jesús. Todo lo que se nos dice que hagamos en el Nuevo Testamento pertenece al discipulado y no a la salvación. Intento explicar cómo se llega a esta posición extraordinaria de no tener que hacer nada. Necesitamos hacer cosas para el discipulado, pero eso no pertenece a nuestra salvación. Lo máximo que podemos perder por no ser discípulos es una recompensa en el cielo, pero igual iremos allí porque el cielo viene a nuestra salvación. No tenemos que hacer nada para salvarnos.

¿De dónde lo sacan? La respuesta es que lo construyen —y estos dos libros hacen lo mismo— sobre un versículo en el libro de Hechos y todo el Evangelio de Juan. El único versículo en Hechos es donde Pablo dice al carcelero de Filipos, que había dicho: "¿Qué debo hacer para ser salvo?", "Cree en el Señor Jesucristo y serás salvo". Dicen que eso es todo lo que se necesita para la salvación. Pero Pablo claramente no se detuvo allí, porque antes de amanecer los había bautizado a todos, así que les había dicho que debían ser bautizados. Mi libro "El nacimiento cristiano normal" se basa en la creencia de que, para ser salvo, para empezar a ser salvo, debemos hacer cuatro cosas: *arrepentirnos* de nuestros pecados, *creer* en el Señor Jesús, ser *bautizados* en agua y *recibir* el Espíritu Santo. Debemos hacer cuatro cosas para apropiarnos de la gracia y ser salvados, y ese libro las detalla. Estoy feliz de decir que está siendo usado en muchas Escuelas Bíblicas, como enseñanza básica sobre cómo ser salvos.

Un versículo en Hechos no es suficiente, porque hay otros en Hechos que hablan del arrepentimiento, hay otros que hablan de ser bautizados, y hay otros versículos que hablan de recibir el Espíritu Santo. Pónganlos todos juntos y claramente hay cuatro cosas. Es interesante que, en el día de Pentecostés, cuando Pedro terminó de predicar, dijeron: "¿Qué debemos *hacer*?". Los de la gracia gratuita dirían: "Nada". Pedro dijo: "Arrepiéntanse y bautícese cada uno de ustedes para perdón de sus pecados y recibirán el don del Espíritu Santo". Ni siquiera les dijo que creyeran, porque su pregunta misma le decía que ya creían en lo que había dicho. Les estaba diciendo lo que tenían que *hacer*. Pero los de la gracia gratuita dicen: "No, solo crean".

Es comparativamente fácil profesar una creencia. Estuve en una iglesia muy elegante y moderna en Alemania y una señora bien vestida en la primera fila levantó la mano cuando dije: "¿Cuántos de ustedes creen en mí?". Yo le dije: "Usted profesa creer en mí, pero he dicho que no sé si cree o no". Le dije: "Si me da su dinero para cuidarlo sería una prueba de que cree en mí". El lugar se congeló. Después el pastor dijo: "¿Se da cuenta de quién era? Es la mujer más rica de esta ciudad". Su marido era dueño de la mayoría de las propiedades en el centro de la ciudad y murió, y se lo dejó todo a ella, que es fabulosamente rica. De hecho, tengo la impresión de que ella probablemente había pagado por este hermoso edificio de la iglesia. Y yo le había dicho: "Deme su dinero y sabré que cree en mí".

Pero, en serio, no sé si creen en mí. Tendrían que hacer algo para demostrarme que confían en mi o me obedecen. Cuando confiamos en alguien, lo obedecemos. Hacemos lo que nos dice. Si suben a mi coche conmigo, sabría que confían en mí, al menos como conductor. Diría: "Vamos, sube", y el hecho de que se subieran demostraría que confían en mí como conductor. Hay dos personas en este mundo a cuyos coches no volveré a subir. No confío en ellas. A una de ellas tuve que recordarle que se conducía del lado izquierdo de la carretera. Íbamos por las curvas del lado derecho, y su esposa estaba histérica. No volvería a subirme a ese coche. Si confiamos en alguien, hacemos lo que nos diga. Es así de simple. Si confiamos en Jesús, lo obedecemos. Y cuando lo desobedecemos, nos sentimos muy mal. Lo sabremos, y podremos afrontarlo. Esa es la diferencia entre ser un cristiano y no serlo.

Pero ellos dicen que Evangelio de Juan nos dice que no

necesitamos arrepentirnos, por el simple hecho de que nunca usa la palabra arrepentimiento, ni siquiera cuando Jesús habló con Nicodemo. Y es cierto. Ah, pero hay una respuesta a eso. Juan no fue escrito para incrédulos. Dice al final del Evangelio que si todo lo que dijo Jesús estuviera escrito, el mundo no podría contener los libros. Pero dijo: "Esto fue escrito para que sigan creyendo que Jesús es el Hijo de Dios y, al seguir creyendo, seguirán teniendo vida en su nombre". Se habrán dado cuenta de que he añadido algunas palabras: "seguir creyendo". En el griego, y tendrán que creerme o comprobarlos por ustedes mismos o verificarlo, el tiempo presente continuo en el griego significa seguir haciendo algo. Cada vez que la palabra *creer* aparece en el Evangelio de Juan, dice que hay que *seguir creyendo*.

Juan 3:16 es un ejemplo de ello. "De tal manera amó Dios al mundo que dio a su Hijo unigénito para que todo aquel que *siga creyendo* en él no perezca jamás, sino *siga teniendo* vida, vida eterna". Cuando nos hicimos cristianos, Dios no empacó algo llamado "vida" y nos lo dio, porque la vida no es una cosa. La vida es personas, como la gracia. Solo tenemos nuestra vida eterna *en Cristo*. No la tenemos en nosotros. Por eso Jesús dijo: "Quédense en mí, permanezcan en mí, residan en mí, sigan en mí, porque si una rama no permanece en la vid, morirá. Se volverá infructuosa, muerta, y tendrá que ser cortada, podada". Esta es una de esas sorprendentes enseñanzas de Jesús que se oponen a "una vez salvo, siempre salvo". Jesús dijo: "Permanezcan en mí y darán mucho fruto, pero si no permanecen en mí, la rama se seca y muere, se vuelve infructuosa *y es cortada y quemada*". Permanezcan en Cristo. Solo tienen vida en Cristo, como dice Juan en otra parte: "Esta vida está en su Hijo y los que permanecen en él tienen vida, y los que no, la pierden". Ustedes no tienen la vida eterna en ustedes, sino en él, en Cristo. Fuera de Cristo, pierden la vida. La vida está en la vid, no en las ramas, y las ramas extraen la vida de la vid.

El Evangelio de Juan nunca dice arrepentirse, y esta gente de la gracia gratuita dice: "Si Juan fue escrito para ayudar a la gente a creer, no necesitamos arrepentirnos". No, fue escrito para ayudar a la gente a seguir creyendo, para quienes han sido cristianas unos años. Por eso no menciona el bautismo y no menciona el arrepentimiento, porque estas cosas pertenecen al principio de la vida cristiana. Juan quiere que continúen creyendo. Cada vez que aparece la palabra "creer" en el Evangelio de Juan, está en el tiempo presente continuo: seguir creyendo.

Lo que me lleva a la cuestión final: una vez salvo, siempre salvo. Creo que no es la verdad, y me temo que ha llevado a muchos cristianos a una complacencia, una falsa seguridad, que los ha hecho indiferentes. "Está bien, voy a ir al cielo". Un hombre que subía a un tren que iba a Waterloo me dijo a la cara: "He dejado a mi mujer y ahora vivo con otra mujer. Soy un cristiano. Lo escuché predicar hace años. Si me caso con esta mujer y me divorcio de mi esposa, ¿estará bien a los ojos de Dios?".

Le dije: "No. Tiene una opción. O vuelve con su esposa ahora y vive con ella, y puede vivir con Cristo en el nuevo mundo. O puede vivir con esta mujer y no con Cristo en el próximo mundo".

¿Fue muy duro lo que dije? Sólo tenía dos minutos. Se subió en Clapham Junction y huyó de mí en Waterloo. Pero yo quería decir algo que él no pudiera sacar de su mente: él tenía una opción, y debía hacer lo correcto a los ojos del Señor.

Mi último libro es sobre ese tema, el divorcio y las segundas nupcias: "El nuevo matrimonio es adulterio, a menos que...", porque es una de las mentiras que casi está aceptada en la iglesia, que el nuevo matrimonio después del divorcio es aceptable para Dios. Las iglesias lo están diciendo por todas partes, y ahora hay tantos matrimonios rotos en la iglesia como fuera como resultado. Encontré esto mismo en Sudáfrica. Los pastores se me quejaban. Decían: "Hay divorcios y nuevos matrimonios en nuestra congregación. No parecemos capaces de detenerlos". Es porque no enseñaban que necesitamos seguir confiando y obedeciendo al Señor. No solo una vez, sino durante toda la vida, y seguir hasta el final y ser salvado. Mi libro está disponible si les preocupa ese tema tanto como yo. ¿Por qué creo, bíblicamente, que "una vez salvo, siempre salvo" es erróneo? Primero, porque en la Biblia los textos están siempre equilibrados. Si hay un texto al final del libro de Judas que dice: "él puede presentarnos sin mancha ante su trono de gloria", solo unos versículos antes, dice: "Manténganse en el amor de Dios". Él puede guardar, pero manténganse ustedes. Ahí hay un equilibrio. Del mismo modo, en las cartas de Pablo a Timoteo y Tito, dice: "Él puede guardar lo que le he encomendado para ese día". Eso es cierto, y es una canción popular también. Pero basta pasar la página y Pablo dice: "He guardado la fe". ¿Ven el equilibrio ahí? Él puede guardar, pero nosotros tenemos que hacer nuestra parte en el guardado. Se trata de nuevo de cooperación. Él nos llama a ser suyos, y nosotros lo invocamos para ser salvos. Su llamado, nuestra llamado.

A lo largo de todo el Nuevo Testamento podemos elegir versículos fuera de contexto que consideran que todo es obra suya y podemos elegir otros versículos que dicen que es nuestra obra. La respuesta es: ¡Ambas cosas! Él nos llama, nosotros lo invocamos, y así nos salvamos. Él puede guardarnos. Nosotros nos mantenemos en su amor.

Jesús habló sobre el infierno más que nadie en la Biblia. Por eso creo en el infierno. Otras personas en la Biblia no hablaron del infierno, pero Jesús sí. Pero de todas sus muchas advertencias, sólo dos fueron para los fariseos. Todas las demás fueron para sus propios seguidores. ¿Lo notaron? Jesús advirtió a sus discípulos sobre el infierno con frecuencia. Temo terminar allí, porque Jesús advirtió a sus seguidores creyentes nacidos de nuevo que podrían terminar allí. Lo mismo hizo Pablo. Él lo temía, no sea que, habiendo predicado a otros, él fuera descalificado. Hay pasajes en Apocalipsis, el último libro de la Biblia, que dicen claramente que el nuevo cielo y tierra, no son para todos los creyentes sino para los *vencedores*. El que *venza* heredará todo esto. ¿A qué se refiere? También dice, en el lado negativo, que quienes venzan sus nombres no serán borrados del Libro de la Vida. Eso, sin duda, es la cosa más terrible que le puede pasar a un ser humano: habiendo tenido su nombre en ese libro, ser borrado. El Libro de la Vida se menciona cuatro veces en la Biblia, y tres de esas veces se habla de tener nombres borrados. Apocalipsis nos dice que los vencedores entrarán en el nuevo universo. Quienes superan la tentación en el interior y la persecución en el exterior son los que serán aptos para el nuevo mundo. Verifíquenlo.

Hay 80 pasajes en el Nuevo Testamento que advierten a los creyentes que no pierdan lo que han encontrado en Cristo. Me he referido a algunos de ellos ya, pero lean Romanos 11 completo. Pablo dice a los creyentes gentiles que muchos de los judíos fueron desgajados porque dejaron de creer. Luego dice: "¿Creen que Dios los tratará de manera distinta?". Les dice: "Manténganse en su bondad. Si no se mantienen en su bondad, también serán desgajados". ¡Asombroso! Nunca escuché a un predicador citar ese versículo, pero está ahí en la Biblia. En mi libro "Una vez salvo, ¿siempre salvo?", indiqué esos 80 pasajes, si quieren buscarlos. Ochenta pasajes en la Palabra de Dios no pueden estar equivocados. Es abrumador. Los movimientos de la gracia soberana y la gracia gratuita enseñan ambos que una vez que comenzamos en el camino de la salvación, terminamos en él automática, inevitablemente, a causa de Dios. Mi Biblia no dice eso. Dice: "Hagan todo lo posible en pos de esa santidad sin la cual nadie verá al Señor". Esto es serio. Significa que no estamos salvados *aún* y debemos seguir adelante como Pablo. "Olvidando lo que queda atrás, y mirando a las cosas que están por delante, sigamos adelante". Sigamos adelante, sigamos confiando y obedeciendo al Señor Jesús, y seremos salvados.

Vimos esta la *gracia salvadora* y lo que significa. Vimos la *gracia soberana*, que lo pone todo en manos de Dios. Vimos la *gracia gratuita*, que dice que el discipulado y la salvación son dos cosas diferentes. Para mí, la salvación es seguir a Jesús. Es discipulado. Es la misma cosa, y todo va unido. Debemos ser discípulos de Jesús, la palabra más común para los cristianos en el Nuevo Testamento. No creyentes, no cristianos, que era un apodo, sino *discípulos*. Un discípulo es alguien que sigue aprendiendo, continúa siguiendo y se aferra lo más cerca posible al Maestro. Y eso es lo que creo que estamos llamados a hacer.

ACERCA DE DAVID PAWSON

David es un orador y autor con una fidelidad intransigente a las Sagradas Escrituras, que trae claridad y un mensaje de urgencia a los cristianos para que descubran los tesoros ocultos en la Palabra de Dios.

Nació en Inglaterra en 1930, y comenzó su carrera con un título en Agricultura de la Universidad de Durham. Cuando Dios intervino y los llamó al ministerio, completó una maestría en Teología en la Universidad de Cambridge y sirvió como capellán en la Real Fuerza Aérea durante tres años. Pasó a pastorear varias iglesias, incluyendo Millmead Centre, en Guildford, que se convirtió en modelo para muchos líderes de iglesia del Reino Unido. En 1979 el Señor lo llevó a un ministerio internacional. Su actual ministerio itinerante está dirigido principalmente a líderes de iglesia. David y su esposa Enid viven actualmente en el condado de Hampshire, Inglaterra.

A lo largo de los años ha escrito una gran cantidad de libros, folletos y notas de lectura diarias. Sus extensas y muy accesibles reseñas de los libros de la Biblia han sido publicadas y grabadas en "*Unlocking the Bible*" (*Abramos la Biblia*). Se han distribuido millones de copias de sus enseñanzas en más de 120 países, proveyendo un sólido fundamento bíblico.

Es considerado como "el predicador occidental más influyente de China" a través de la transmisión de su exitosa serie "*Unlocking the Bible*" a cada provincia de China por Good TV. En el Reino Unido, las enseñanzas de David se transmiten habitualmente por Revelation TV.

Incontables creyentes de todo el mundo se han beneficiado también de su generosa decisión en 2011 de poner a disposición sin cargo su extensa biblioteca audiovisual de enseñanza en www.davidpawson.org. Hemos cargado también hace poco todos los videos de David a un canal dedicado en **www.youtube.com**

VEA EN YOUTUBE
www.youtube.com/user/DavidPawsonMinistry

LA SERIE EXPLICANDO
VERDADES BIBLICAS EXPLICADAS SENCILLAMENTE

Si usted ha sido bendecido al leer, ver o escuchar este libro, hay más disponibles en la serie. Por favor regístrese y descargue más libritos visitando **www.explicandoverdadesbiblicas.com**

Otros libritos en la serie *Explicando* incluirán:
La historia asombrosa de Jesús
La unción y la llenura del Espíritu Santo
La resurrección: *El corazón del cristianismo*
El estudio de la Biblia
El bautismo del Nuevo Testamento
Cómo estudiar un libro de la Biblia: Judas
Los pasos fundamentales para llegar a ser un cristiano
Lo que la Biblia dice sobre el dinero
Lo que la Biblia dice sobre el trabajo
Gracia: *¿Favor inmerecido, fuerza irresistible o perdón incondicional?*
¿Eternamente seguros?
Tres textos que suelen tomarse fuera de contexto: *Explicando la verdad y exponiendo el error*
LaTrinidad
La verdad sobre la Navidad

Tambien nos encontramos en proceso de preparar y subir estos libritos que puedan ser comprados como copia impresa de:

www.amazon.co.uk o **www.thebookdepository.com**

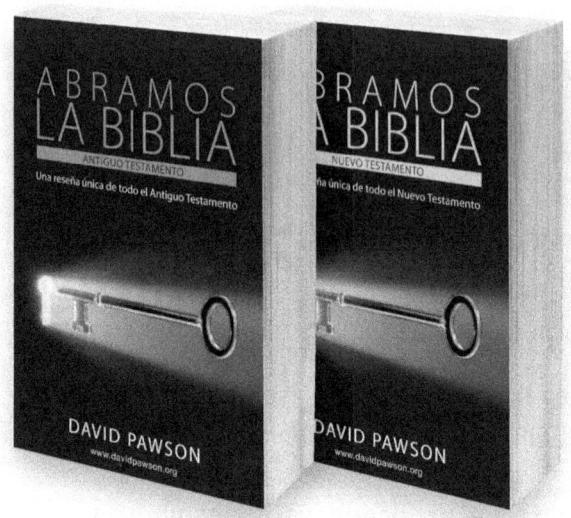

ABRAMOS LA BIBLIA

Una reseña única del Antiguo y el Nuevo Testamento del internacionalmente aclamado orador y autor evangélico David Pawson. *Abramos la Biblia* abre la palabra de Dios de una forma fresca y poderosa. Pasando por alto los pequeños detalles de los estudios versículo por versículo, expone la historia épica de Dios y su pueblo en Israel. La cultura, el trasfondo histórico y las personas son presentados y aplicados al mundo moderno. Ocho volúmenes han sido reunidos en una guía compacta y fácil de usar que cubren el Antiguo y el Nuevo Testamento en una única edición gigante. El Antiguo Testamento: *Las instrucciones del fabricante* (Los cinco libros de la Ley), *Una tierra y un reino* (Josué, Jueces, Rut, 1-2 Samuel, 1-2 Reyes), *Poesías de adoración y sabiduría* (Salmos, Cantares, Proverbios, Eclesiastés), *Declinación y caída de un imperio* (Isaías, Jeremías y otros profetas), *La lucha por sobrevivir* (1-2 Crónicas y los profetas del exilio) – El Nuevo Testamento: *La bisagra de la historia* (Mateo, Marcos, Lucas, Juan y Hechos), *El decimotercer apóstol* (Pablo y sus cartas), *A la gloria por el sufrimiento* (Apocalipsis, Hebreos, las cartas de Santiago, Pedro y Judas).

JESÚS LAS SIETE MARAVILLAS DE SU HISTORIA

Este libro es el resultado de toda una vida de contar "la más grande historia jamás contada" por todo el mundo. David la volvió a narrar a varios cientos de jóvenes en Kansas City, EE.UU., que escucharon con un entusiasmo desinhibido, "twiteando" por Internet acerca de este "simpático caballero inglés" mientras hablaba.

Tomando la parte central del Credo de los Apóstoles como marco, David explica los hechos fundamentales acerca de Jesús en los que está basada la fe cristiana de una forma fresca y estimulante. Tanto los cristianos viejos como nuevos de beneficiarán de este llamado a "volver a los fundamentos", y encontrarán que se vuelven a enamorar de su Señor.

OTRAS ENSEÑANZAS
POR DAVID PAWSON

Para el listado más actualizado de los libros de David ir a: **www.davidpawsonbooks.com**

Para comprar las enseñanzas de David ir a: **www.davidpawson.com**

www.ingramcontent.com/pod-product-compliance
Lightning Source LLC
Chambersburg PA
CBHW070338120526
44590CB00017B/2939